Premiers mois de Fanfare

ou

PETITE MÉTHODE D'ENSEMBLE

Pour les instruments à pistons en Mi-♭ et Si-♭.

A L'USAGE DES COMMENÇANTS INSTRUMENTISTES

PRIX NET: 2 fr.

F. GIRARD LIBRAIRE ÉDITEUR

LYON | PARIS
Place Bellecour, 30. | Rue Cassette, 30

Lith. Aut. Pinsard à St Etienne

PRÉFACE

Sous le titre de *Premiers mois de Fanfare*, nous offrons aux musiques naissantes une nouvelle *Méthode d'ensemble*, qui, par des exercices courts, simples et progressifs, peut conduire rapidement le commençant instrumentiste à d'heureux résultats.

Ce travail s'adresse aux nombreuses fanfares qui se forment ou prospèrent déjà un peu partout, mais il convient plus spécialement aux maisons d'éducation, où l'on est dans l'habitude de faire débuter plusieurs enfants à la fois. A l'aide de cette méthode, les jeunes élèves marchant et avançant pour ainsi dire de front, s'excitent mutuellement à passer d'une difficulté à l'autre, sans éprouver de dégoût ou de lassitude.

Par manière d'encouragement, nous avons placé à travers les pages de ce recueil quelques duos d'une exécution facile, et dont l'harmonie simple est naturellement perçue par l'oreille la moins exercée.

Nous n'employons dans ces premiers exercices que les mesures Simp réservant pour un second travail les mesures *Composées*, le *Coulé*, l'*Expressio* Enfin, pour ménager les forces des jeunes musiciens, nous avons tenu à ne leu présenter d'abord que des morceaux d'une notation peu élevée.

Ainsi, provoquer l'émulation des commençants par des leçons qu'i prennent tous ensemble, les conduire, comme à leur insu, de progrès en progr en aplanissant les difficultés inhérentes à tout début, soutenir leur goût en écono sant leurs forces, et par là faciliter considérablement au maître ses leçon voilà le but que nous nous sommes proposé d'atteindre dans ce modeste recuei

Chargé nous-même de la direction d'une fanfare, l'expérience nous a montré le profit que les débutants pouvaient retirer de ces leçons et c'est le motif q nous a décidé à les rendre publiques.

Principes de Musique.

Nécessaires et suffisants pour les premiers mois de Fanfare.

La musique est l'art de combiner les sons d'une manière agréable à l'oreille.

On écrit la musique au moyen de signes appelés *Notes*, qui ont sept noms différents, sa-r *Ut*, (ou *Do*), *Ré*, *Mi*, *Fa*, *Sol*, *La*, *Si*. — Cette dénomination ne provient point de leur figure, mais la position qu'elles occupent sur la *Portée*, position déterminée par la *Clef*.

On appelle *Portée*, cinq lignes parallèles sur lesquelles et entre lesquelles on écrit les notes. — Lors-e ces lignes sont insuffisantes, on ajoute soit audessus, soit audessous de la portée, de petits traits pa-llèles qu'on répète pour chaque note, et qu'on appelle, *lignes supplémentaires*. — On compte les lignes de bas haut: l'espace compris entre elles se nomme *Interligne*. (Voyez ci-dessous)

La *Clef* est un signe qu'on écrit au commencement de la portée et qui indique par sa forme et sa-ition, la place et le nom d'une note et par celle-ci, la place et le nom des autres. — On distingue trois sortes Clefs dont la principale est la *Clef de Sol 2e ligne*. — (Voyez ci-dessous)

Lignes supplémentaires
5e
4e
3e
2e
Ligne - 1re
4e
3e
2e
1re interligne
Lignes supplémentaires

Clef de Sol - 2e Ligne

Signes de Durée.

Notes – Silences – Liaison – Point – Triolet.

Notes – On indique la durée plus ou moins longue des sons en variant la figure des notes: cette durée constitue ce qu'on appelle la *Valeur* des notes.

Silences – Les silences sont des signes dont la présence sur la portée annonce la cessation momentanée des sons – On indique la durée de cette cessation, comme pour les notes, en variant la figure des silences – Cette durée constitue aussi ce qu'on appelle la *Valeur* des silences.

Chaque note a un silence correspondant égal en valeur. (*Voyez le tableau ci-dessous*)

Rapport des valeurs.

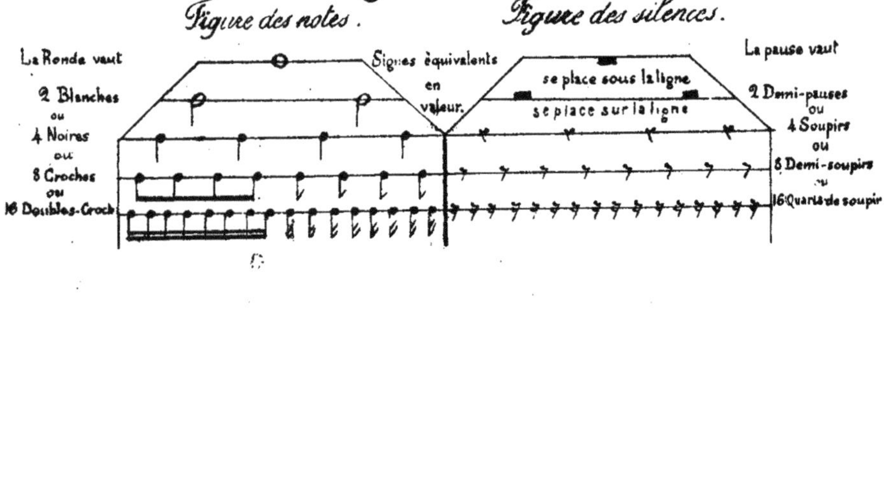

Figure des notes. Figure des silences.

La Ronde vaut
2 Blanches
ou
4 Noires
ou
8 Croches
ou
16 Doubles-Croch

Signes équivalents en valeur.

se place sous la ligne
se place sur la ligne

La pause vaut
2 Demi-pauses
ou
4 Soupirs
ou
8 Demi-soupirs
ou
16 Quarts de soupir

*Liaison*_ Lorsqu'on se sert de plusieurs notes pour représenter la durée d'un même son, on les surmonte d'une petite ligne courbe ⌒ qu'on appelle liaison. Le son émis sur la première note doit donc être soutenu sans interruption pendant toute la durée des notes *liées*_ Lorsque la combinaison des valeurs le permet, on remplace ordinairement la liaison par le point.

*Point*_ Le point par lui-même n'a pas de valeur. Il accompagne toujours une note ou un silence et son effet est d'augmenter ***de la moitié*** la valeur de la note ou du silence pointés.

Triolet_ Le triolet est un groupe de trois notes dont la durée d'exécution est la même que celle de deux notes de même valeur. On l'indique en plaçant le chiffre 3 sur le groupe.

Mesure_Temps.

La ***Mesure*** est la division d'un morceau de musique en petites parties d'égale durée. Cette division est indiquée dans le cours des morceaux par de petites lignes qui, de distance en distance, traversent verticalement la portée. On nomme ces lignes *Barres* ***de mesure***.

Le ***Temps*** est la division de la mesure en parties d'égale valeur_ Le nombre de ***Temps*** que renferme chaque mesure est indiqué en tête de la première portée des morceaux; mais le *Temps* lui-même n'est indiqué par aucun signe. On le marque seulement en exécutant par un mouvement du pied ou de la main: c'est ce qu'on appelle *Battre la mesure*.

Il y a trois espèces de mesures: la mesure à deux temps, la mesure à trois temps et la mesure à quatre temps. Ces différentes espèces de mesures, dans lesquelles un morceau peut être écrit, sont indiquées par des signes ou des chiffres que l'on place après la clef de la première portée.

Gamme.

La *Gamme* est une série de sept notes placées dans leur ordre successif et invariable, avec la répétition de la première appelée *Octave* (huitième)

On compare ordinairement la Gamme à une *échelle* dont les échelons ou *degrés* sont formés par les sons représentés par les notes.

Pour qu'une gamme soit régulière, il faut qu'il y ait un ton d'un degré à l'autre, excepté du 3e au 4e (*dans les gammes majeures*) et du 7e au 8e où il n'y a qu'un *demi-ton*, ce qui forme un total de cinq tons et deux demi-tons.

Une gamme ainsi construite prend le nom de gamme diato-

Note	Intervalle	Degré
Ut...		8e
	½ ton	
Si...		7e
	1 ton	
La...		6e
	1 ton	
Sol...		5e
	1 ton	
Fa...		4e
	½ ton	
Mi...		3e
	1 ton	
Ré...		2e
	1 ton	
Ut...		1er degré

nique par opposition à la gamme chromatique qui n'est formée que de demi-tons. (Voyez page 62)

Nota 1° – Le *demi-ton* est le plus petit intervalle reçu – Le *ton* est un intervalle à peu près double du demi-ton – On nomme *intervalle* la distance qui existe entre un son grave et un son plus aigu.

Nota 2° – La première note d'une gamme se nomme *tonique*, et elle donne son nom à la gamme – Ainsi la gamme qui commence par l'*Ut* s'appelle *Gamme d'Ut* (Voy. page 1 des exercices)

Signes modificatifs.

On appelle signes *modificatifs* ou *altératifs* des signes indiquant qu'il faut élever ou abaisser le son des notes devant lesquelles ils sont placés.

Ces signes sont au nombre de trois : le *dièse* ♯ qui élève la note d'un demi-ton, le *bémol* ♭, qui la baisse d'un demi-ton, et le bécarre ♮ qui ramène à son état *naturel* la note *diésée* ou *bémolisée*.

Nota – On dit qu'une note est dans son état *naturel*, lorsqu'elle n'est précédée d'aucun signe altératif.

Lorsque les signes altératifs sont écrits en tête de la première portée, ils agissent sur toutes les notes qui, dans le cours du morceau, sont placées sur le même degré qu'eux, à moins que le *bécarre* ne vienne accidentellement détruire leur effet. Ainsi dans le N° 102, par exemple (page gauche) il n'était pas nécessaire d'écrire le bémol devant les notes de la 5e mesure : elles étaient bémolisées par l'effet du bémol placé sur le Si après la clef. (C'est donc contrairement à la pratique que, dans ces exercices, nous avons répété les dièses et les bémols devant les notes affectées de ces signes placés à la clef au même degré qu'elles : nous l'avons fait pour faciliter l'exécution en soulageant la mémoire et l'attention de l'élève.)

Lorsque au contraire les signes altératifs ne sont point écrits à la clef, ils n'ont d'effet que sur les notes placées *après eux* au même degré et dans la *même mesure* : ils prennent alors le nom de dièses ou bémols *accidentels*.

Construction des gammes. — A l'aide des signes modificatifs, on peut construire des gammes semblables à la gamme d'Ut quant à la disposition des tons et des demi-tons, en prenant pour tonique une note quelconque de cette dernière, qui est la base et le modèle de toutes les gammes (*majeures*) : Ex.

Gamme de Fa construite sur la Gamme d'Ut.

Des Intervalles.

On appelle *Intervalle*, la distance d'un son grave à un son plus aigu, et réciproquement. Deux notes placées au même degré, avec le même signe modificatif (♯ ou ♭) ne forment donc pas d'intervalle, mais l'*Unisson* (sons unis, identiques).

Deux notes placées à des degrés différents forment respectivement les intervalles de *Seconde*, de *Tierce*, de *Quarte*, de *Quinte*, de *Sixte*, de *Septième* et d'*Octave*, suivant qu'elles embrassent sur la portée 2, 3, 4, 5, 6, 7, 8 degrés, y compris ceux qu'elles occupent elles-mêmes.

Tableau des intervalles de la gamme d'Ut.

Unisson Seconde Tierce Quarte Quinte Sixte Septième Octave

Du Mode.

Le *Mode* est la manière d'être d'une gamme, sa constitution intime, c'est-à-dire, la disposition particulière des intervalles des sons qui la composent.

Les gammes ont deux *Modes*: le mode *majeur* et le mode *mineur*. De là leurs noms de *gammes majeures* et de *gammes mineures* dont la différence consiste uniquement dans la position diverse des demi-tons.

Dans les gammes *majeures*, les demi-tons se placent invariablement du 3e au 4e et du 7e au

8e degré (Voy. pag. XII) et dans les gammes *mineures*, du 2e au 3e et, *ordinairement*, du 7e au 8e degré. (*Nous disons: ordinairement, parce que ce demi-ton subit plusieurs variations, selon que la gamme est montante ou descendante et selon que le bon goût l'indique au compositeur.*

Chaque gamme majeure a sa correspondante ou *relative mineure* dont la tonique est placée une tierce au-dessous de celle de la gamme majeure. — (*Les gammes mineures se construisent sur celle de La mineur, relative de la gamme d'Ut majeur.*)

Modèle des gammes mineures, avec leurs variations.

Nota: Dans les morceaux de musique, le mode n'est indiqué par aucun signe particulier. — Pour le connaître, on peut prendre la note finale qui est toujours la tonique du ton (ou gamme) dans lequel le morceau est écrit, et construire sur cette tonique une échelle musicale en ayant égard aux accidents (♯ ou ♭) placés à la clef. — La construction de la gamme ainsi faite, si le premier demi-ton ont placé du 2e au 3e degré, le ton est mineur et il est majeur, si le demi-ton est placé du 3e au 4e.

De l'Instrument.

Position — La position de l'instrument dépend de sa forme : il faut chercher et choisir celle qui laisse le corps droit et à l'aise — Evitez surtout de baisser la tête.

Tenue — L'instrument doit être solidement tenu par la main gauche, à la hauteur des pistons, afin de laisser les doigts de la main droite entièrement libres dans leurs mouvements.

Le pouce de la main droite, autant que le permet la forme de l'instrument, se place droit, mais sans raideur, entre les boîtes du 1er et du 2e piston. Le petit doigt reste immobile, légèrement appuyé sur le bord supérieur de la boîte du 3e piston, si l'instrument n'a pas de crochet pour le recevoir. — Les trois autres doigts se posent sur les pistons qu'ils *touchent* par le milieu de la 1ère phalange. — Ne les arquez point, et veillez en jouant à ne pas les élever au-dessus des pistons qu'ils ne doivent jamais totalement abandonner.

Embouchure — L'embouchure se place sur le milieu des lèvres, un peu plus sur la lèvre supérieure que sur l'inférieure — Pour produire le son, il faut donner un *coup* de langue dans l'embouchure comme pour prononcer la syllabe *tu* ou rejeter de la bouche un brin de fil — Dans les sons graves, il ne faut appuyer que faiblement l'embouchure sur les lèvres : on la presse ensuite davantage en les pinçant de plus en plus au fur et à mesure que l'on passe à des sons plus élevés. — Evitez soigneusement de gonfler les joues et de souffler fort. Dans le principe, attaquez chaque note par un coup de langue.

Si = ♭
Seconde
N° 1
fin
D.C.
N° 2
1
N° 3
1
N° 4
fin
D.C.

Mi = ♭
2
Seconde.
Nº 1
fin.
D.C.
Nº 2
Nº 3
Nº 4
fin
D.C.

Si = ♭

Nº 5

2

fin

D.C.

Nº 6

fin

1

D.C.

Nº 7

1

Mi = ♭

No 5

2

fin

D.C.

No 6

fin

D.C.

No 7

Si = ♭
Tierce
A
Nº 8
Nº 9
Nº 10
fin
D.C.

Mi=♭
4
Tierce
B
N° 8
N° 9
N° 10
fin
D.C.

Si = b

Nº 11

2

Nº 12

Nº 13

2

fin

D.C.

Si = ♭
C
Quarte
Nº 14
fin
D.C.
Nº 15
fin
D.C.

Mi=♭
Quarte
D
N° 14
Fin
D.C.
N° 15
Fin
D.C.

Si = b
N° 16
N° 17
fin
D.C.
N° 18

N° 16

N° 17

fin

D.C.

N° 18

Si = ♭
Quinte
E
N° 19

Quinte

F

N° 19

Si ♭

N° 20

N° 21

Mi-♭

N° 20

N° 21

Comme les exercices qu'on pourrait donner sur la Septième et l'Octave, seraient aussi difficiles que les Numéros à Deux quatre qui suivent, nous les omettons.

Comme les exercices qu'on pourrait donner sur la Septième et l'Octave, se raient aussi difficiles que les Numéros à Deux-quatre qui suivent, nous les omettons.

Si=♭

Mesure à Deux-Quatre, marquée $\frac{2}{4}$.

Elle se bat à deux temps $\frac{2}{1}$ — Dans les exercices suivants, une noire ou un soupir vaut un temps. Exécutez toujours lentement.

Mesure à Deux-Quatre, marquée $\frac{2}{4}$.

Elle se bat à deux temps $\frac{2}{1}$ – Dans les exercices suivants, une noire ou un soupir vaut un temps. Exécutez toujours lentement.

Si ♭

Mi♭
N° 25
1-2
N° 26
fin
fin
D. C.
D. C.
N° 27
Canon
2-3
2-3
1-2

Si-b

N° 28

fin

D.C

N° 29

fin

D.C

N° 30

fin

fin

D.C

D.C

Mi-b
N° 28
fin
D.C
N° 29
fin
D.C
N° 30
fin
D.C
D.C

Si-♭

Mesure à Quatre-Temps

La Noire vaut un temps _ la Blanche, deux _ la Blanche pointée, trois _ la Ronde, quatre ou la mesure entière. Le soupir vaut un temps.

Exercices sur la Noire.

Mesure à Quatre-Temps.

La Noire vaut un temps — la Blanche, deux — la Blanche pointée, trois — la Ronde, quatre ou la mesure entière. Le soupir vaut un temps.

Exercices sur la Noire.

Si = ♭

Exercices sur la Blanche.

Mi♭

Ah vous dirai-je, maman!

N°34

N°35

N°36

A

B

Exercices sur la Blanche.

N°37

D.C

N°38

D.C

N°39
Fin
D.C
Un peu vite
N°40
Fin
D.C
D.C
Très-lent
N°41

Mi=♭
N°39
fin
D.C
Un peu vite
N°40
fin
D.C
D.C
Très-lent
N°41

Si = ♭
N° 42
1-2
fin
D.C
D.C
Exercices sur la Blanche pointée et sur la Ronde.
N° 43
fin
D.C
N° 44
N° 45
Canon A
B
C

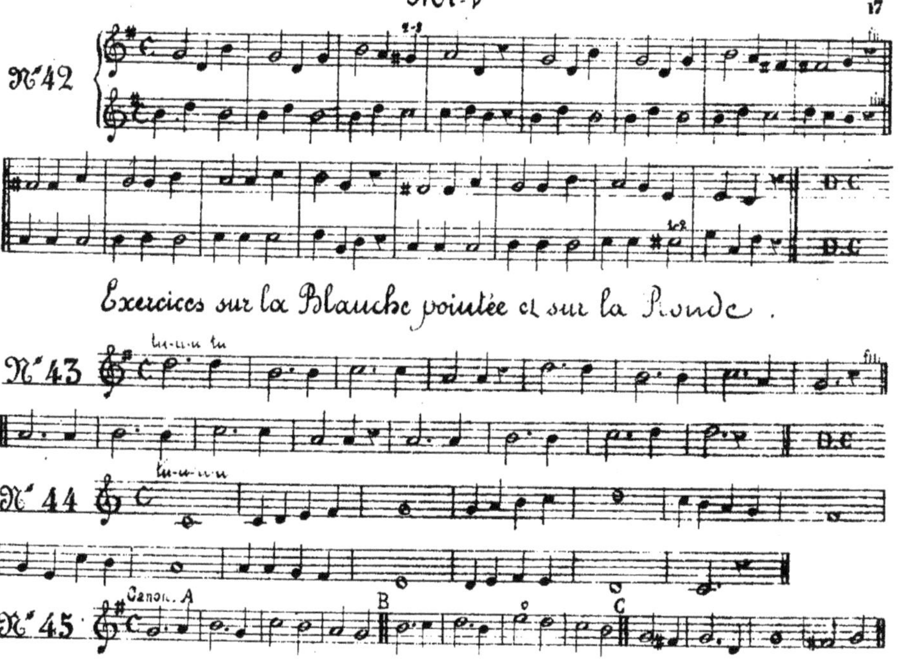
Mi=b
N°42
fin
D.C
D.C
Exercices sur la Blanche pointée et sur la Ronde.
N°43
tu-u-u tu
fin
D.C
N°44
tu-u-u-u
N°45
Canon. A
B
C

Si = ♭

N° 46

fin

D.C

D.C

N° 47 Récapitulation.

fin

D.C

Mi=♭
18
N°46
D.C
D.C
N°47 Récapitulation.
fin
D.C

Si ♭

Exercices sur la Croche

Deux croches ne valent qu'un temps. Il sera bon, dans ces exercices de lire les notes avant l'exécution en battant la mesure. On peut décomposer les temps formés de croches par les syllabes ta té *comme ci dessous ou par les chiffres* 1.2 &c.

Deux croches consécutives seulement.

Exercices sur la croche

Deux croches ne valent qu'un temps. Il sera bon, dans ces exercices de lire les notes, avant l'exécution en battant la mesure. On peut decomposer les temps formés de croches par les syllabes ta té *comme ci dessous ou par les chiffres* 1.2 &c.

Deux croches consécutives seulement.

Si = b

Nº 50

D.C.

D.C.

Nº 51

D.C.

Nº 52

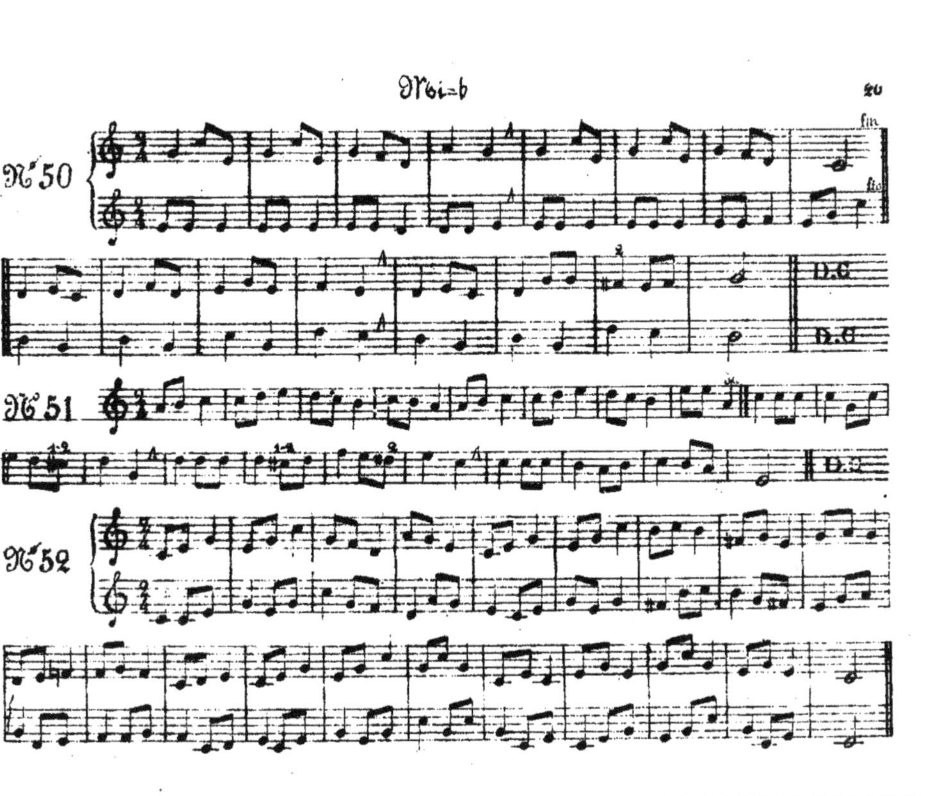
20
N° 50
fin
fin
D.C.
D.C.
N° 51
D.C.
N° 52

Si = ♭

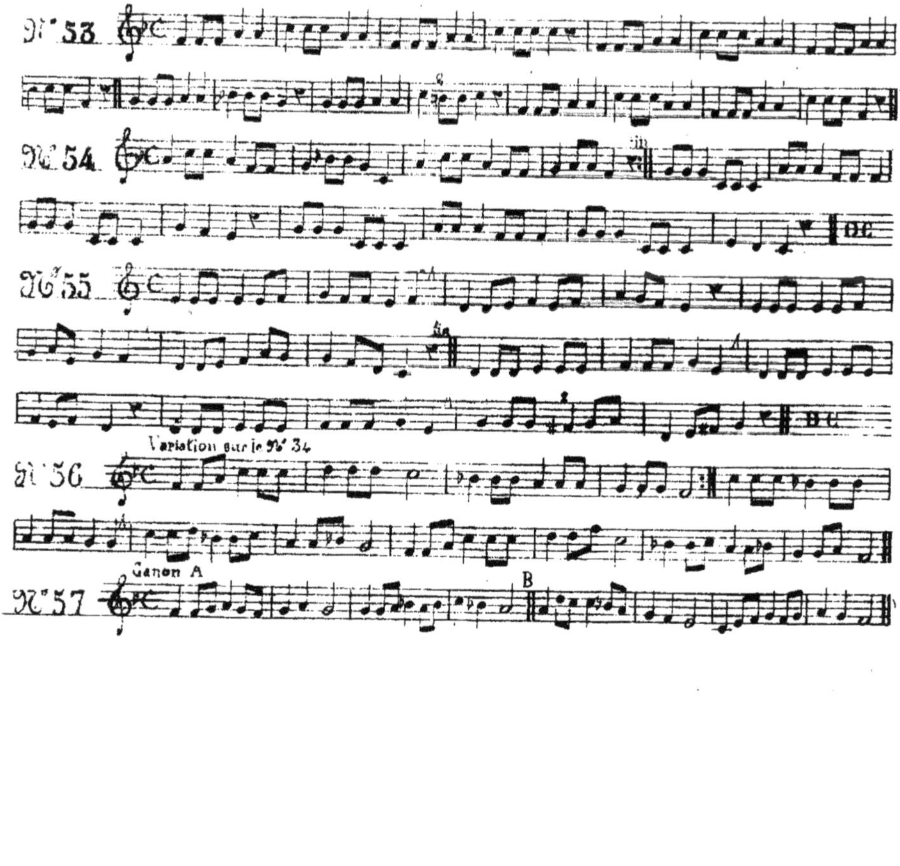

N° 53

N° 54

N° 55

Variation sur le N° 34

N° 56

Canon A

B

N° 57

Mi = ♭

Nº 53

Nº 54

fin

D.C

Nº 55

fin

1-2

D.C

Variation sur le Nº 34

Nº 56

Canon. A

Nº 57

B

Si = b

No 58 — très lent

No 59 — fin — D.C.

No 60

No 61 — Récapitulation.

N° 58 très lent

N° 59

Fin

1-2

1-2-3

D.C.

N° 60

N° 61 Récapitulation

Si = ♭

Quatre croches consécutives ou plus.

Quatre croches consécutives ou plus
N° 62
fin
D.C
Au clair de la lune
N° 63
N° 64
fin
fin
D.C
D.C

Si = b

N° 65 Un peu vite

Fin

D.C

N° 66

FIN

N° 6

Fin

D.C

N° 65 Un peu vite
fin
D.C

N° 66
FIN

N° 67
fin
D.C

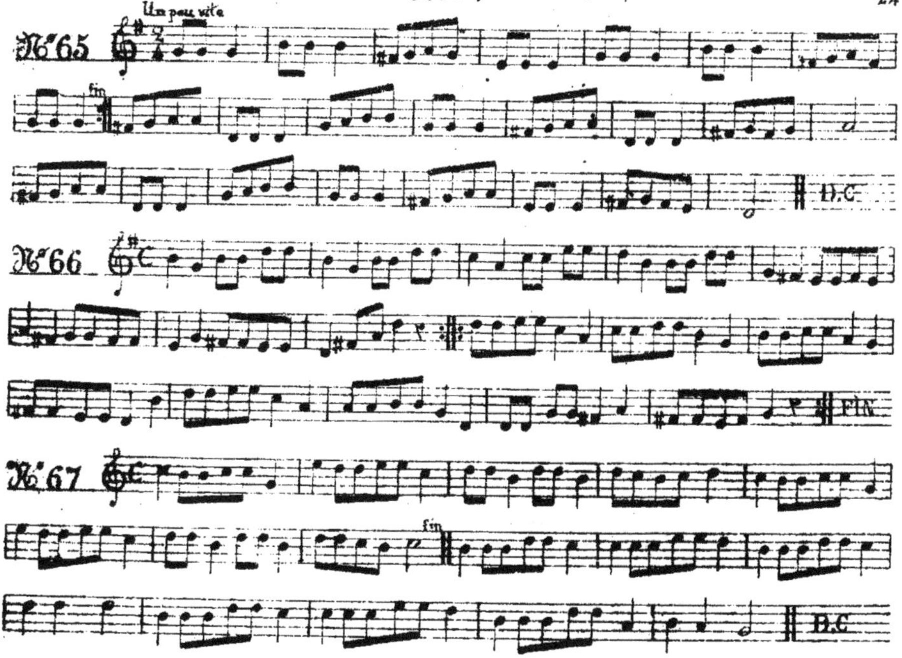

Si = ♭

№ 68
Fin
D.C
D.C
№ 69
Fin
D.C

Si♭

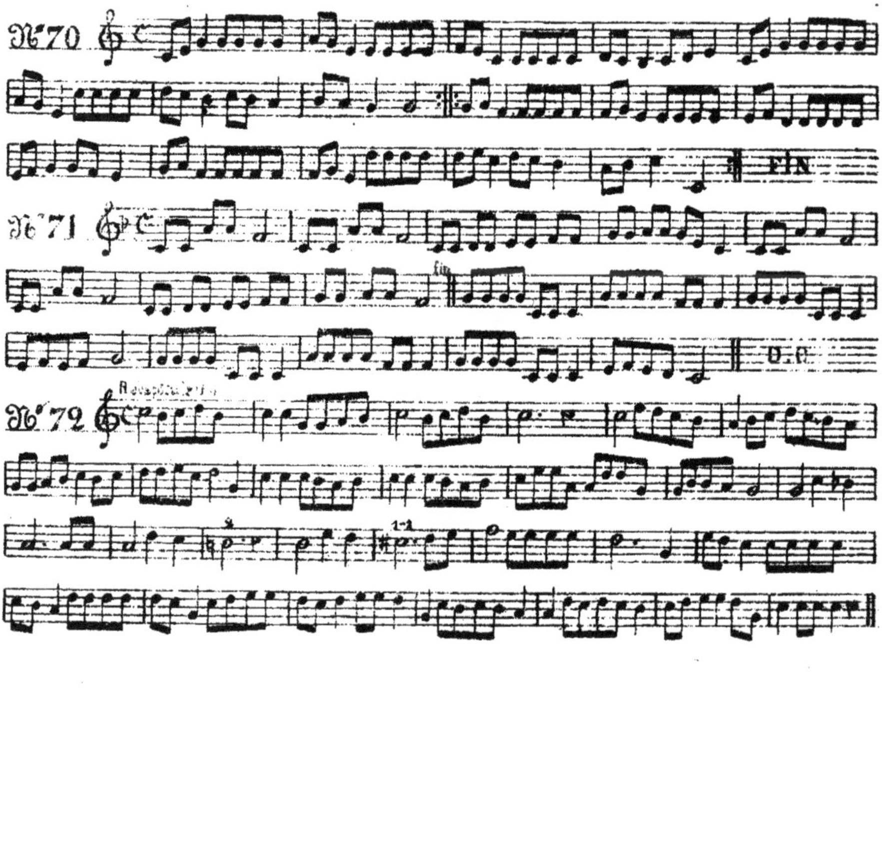

N°70

FIN

N°71

fin

D.C.

N°72

N° 70

FIN

N° 71

fin

D.C

Récapitulation

N° 72

Si=♭

Exercices sur le Point.

Le point augmente de la moitié de leur valeur les signes (Notes ou Silences) qui le précèdent.

tu-u-u tu
tu tu-u-u tu

Valeur et effet équivalents

tu-u-u tu
tu tu-u-u tu

Noires Pointées.

N° 73

fin

D.C.

N° 74

fin

D.C.

Exercices sur le Point.

Le point augmente de la moitié de leur valeur les signes [Notes ou Silences] qui le précèdent.

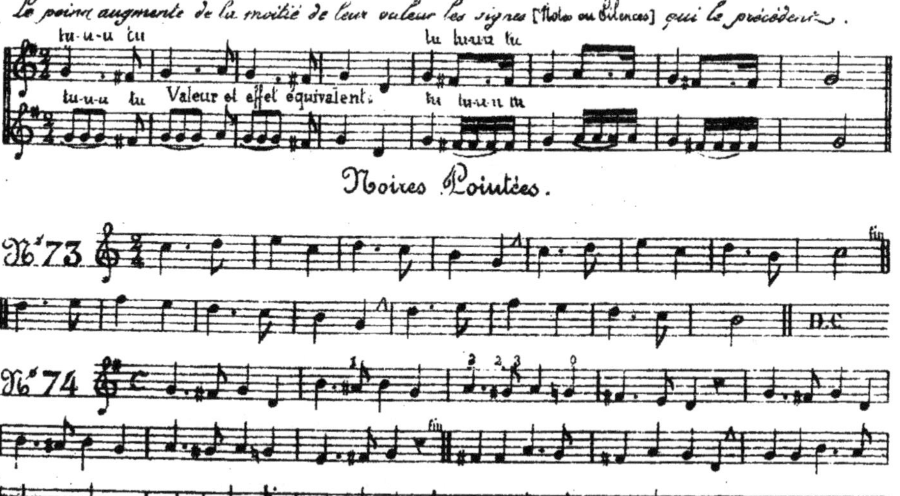

Si♭

Croches pointées

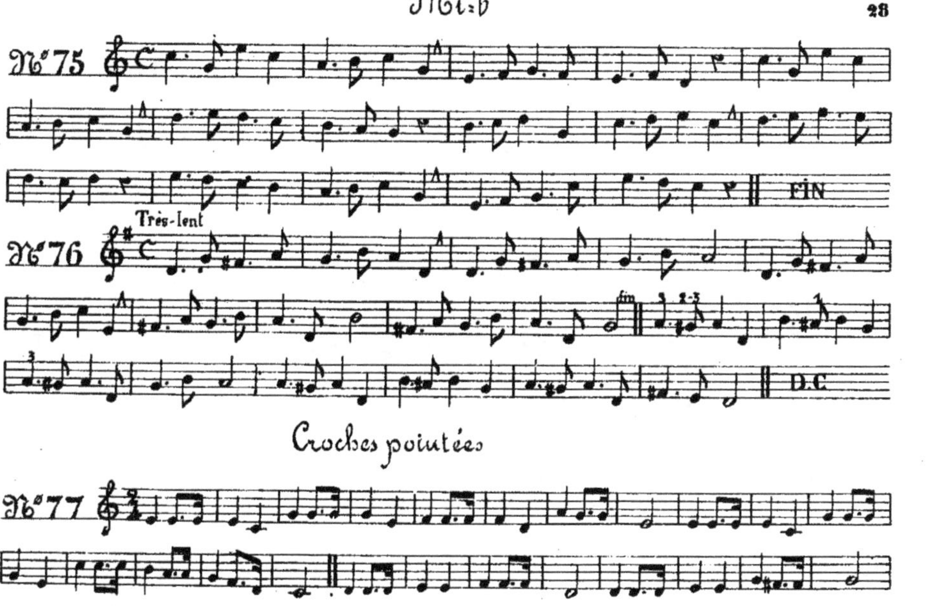
Mi♭
N°75
FIN
Très-lent
N°76
fin
D.C.
Croches pointées
N°77

Si: b

N° 78
fin
D.C
N° 79
fin
fin
D.C
D.C

N°78
fin
D.C
N°79
fin
fin
D.C
D.C

Si : b

Nº 80

FIN

Nº 81

fin

D.C

Nº 82

fin

D.C

Nº 80
FIN
Nº 81
fin
D.C
Nº 82
fin
D.C

Si ♭

No 83
fin
D.C
No 84
fin
fin
D.C
D.C

Si: ♭

Variation sur le N°34

N°85

Mouvement

N°86

Fin

Trio

Fin

D.C

D.C

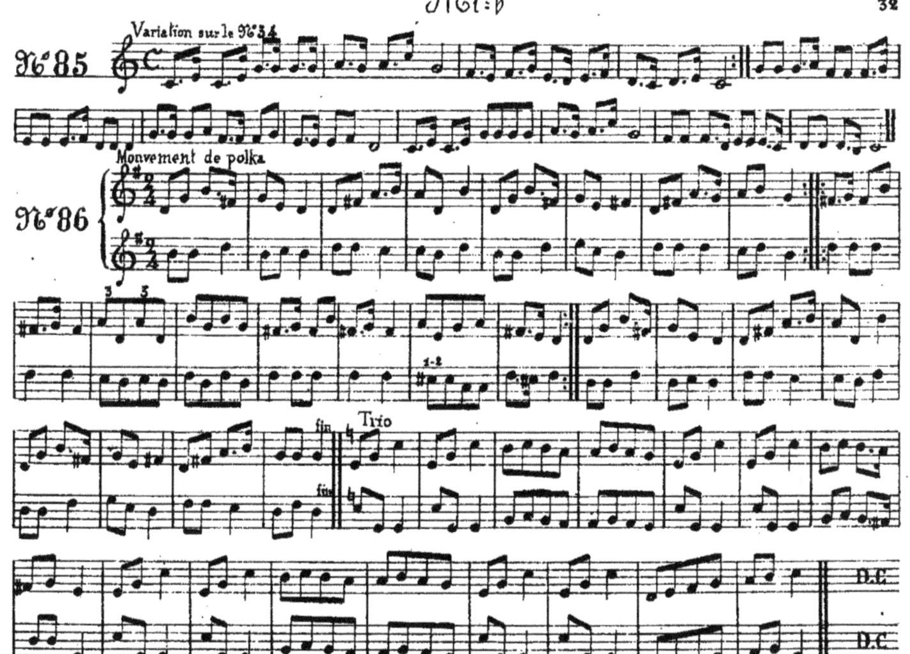
Variation sur le N° 34
N° 85
Mouvement de polka
N° 86
fin
Trio
D.C.
D.C.

Mesure à Trois-Quatre.
Elle se marque 3/4 ou simplement 3 = Elle se bat à trois Temps
3
2
1
N° 87
fin
D.C
Air Hongrois
N° 88
fin
Un peu vite
N° 89
fin
D.C

Mesure à Trois-Quatre.
Elle se marque 3/4 ou simplement 3 = Elle se bat à trois Temps
3
2
1
N° 87
fin
D.C.
Air Hongrois
N° 88
fin
Un peu vite
N° 89
fin
D.C.

Si = ♭

N° 90

N° 91

fin

D.C.

N° 92

fin

N° 93

fin

Nº 90

Nº 91

fin

D.C

Nº 92

fin

Nº 93

fin

Si ♭

Un peu vite

N° 94

fin

D.C.

N° 95

fin

fin

D.C.

D.C.

N° 96

fin

N° 94

Un peu vite

fin

D.C

N° 95

fin

fin

D.C

D.C

N° 96

fin

Si♭

N° 97

fin

N° 98

fin

D.C

N° 99

FIN

N° 100

1.2

0

1.2 0

FIN

Si♭

Nº 101

fin

Trio

D.C

Nº 102

Mouvement de Valse

1ª

2ª

fin

Trio

D.C

Mi-♭

N° 101

Trio

fin

D.C

N° 102

Mouvement de Valse

1a

2a

fin

Trio

1

1

D.C

Si:♭

Exercices sur les Doubles-Croches.

Il sera bon de lire ces exercices, en mesure, avant l'exécution. [Voir, page 60, les abréviations.]

Manière de décomposer la mesure.

Exercices sur les Doubles-Croches.

Il sera bon de lire ces exercices, en mesure, avant l'exécution [Voir, page 60, les abréviations]

Manière de décomposer la mesure.

ta té fé ta té ta ta fa té ta-a té fé ta ta fa té fé ta ta té fé ta fa té

Manière d'exécuter =

tutu eu tu tueu tu

N° 103

fin

D.C.

N° 104

fin

D.C.

Si♭

Nº 105

fin

D.C.

Nº 106

fin

al Segno

Nº 107 Variation sur le Nº 34

FIN

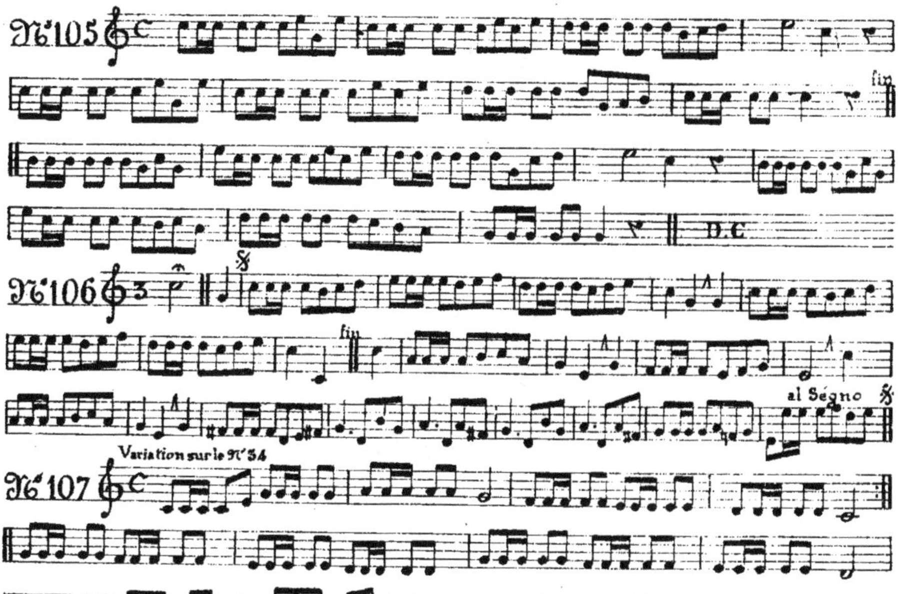

N° 105

fin

D.C

N° 106

fin

al Segno

Variation sur le N° 34

N° 107

FIN

Si : b

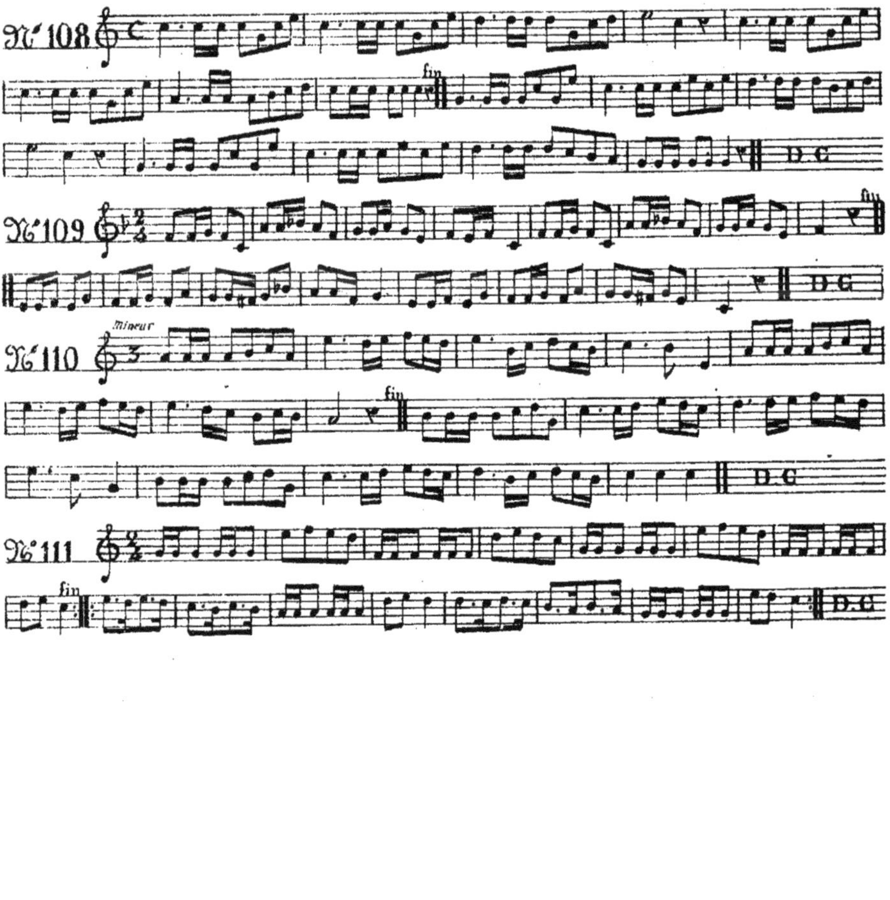

N° 108

fin

D.C

N° 109

fin

D.C

N° 110

Mineur

fin

D.C

N° 111

fin

D.C

Mi : b

N 108

fin

1-3 1-3

D. C

Nº 109

fin

1 2

12

D. C

Nº 110

Mineur

fin

D. C

Nº 111

fin

D. C

Si b
N° 112

Mi:b
N°112
Mouvt de pas redoublé

Si ♭

N° 113

fin

D C

N° 114

fin

D C

N° 115

fin

D C

N° 116

fin

D C

Mi=b
N°113
fin
D.C
N°114
fin
D.C
N°115
fin
D.C
N°116
fin
D.C

Si - b

Mi-b

N° 117

Récapitulation

Airs de Clairons.

Ces airs, propres à être joués de mémoire, sont exécutés sans pistons par les instruments en Si-b, et avec le 1er et le 3e piston, par les instr.ts en Mi-b, en lisant Sol sur Ut. (Voy. A)

Ils peuvent encore être exécutés avec le	1er Piston	2e pist.	3e pist.	2e et 3e pist.	1er, 2e et 3e piston
par les instr.ts de même ton, en lisant sur Ut	Si-b	Si	La	La-b	Sol b

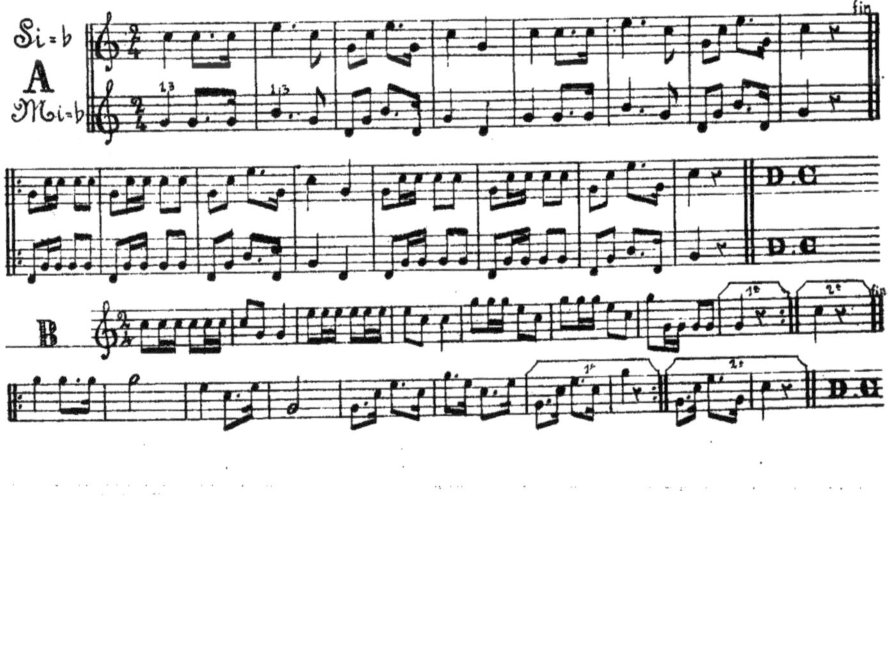

Si-b

A

Mi-b

fin

D.C

D.C

B

1re 2e

fin

1re 2e

D.C

C

fin

DC

D

fin

DC

E

fin

1e

2e

DC

F

1e

2e

DC

G

Si♭

Exercices sur les Silences.

Pause — Demi-pause — Soupir.

Exercices sur les Silences.

Pause — Demi-pause — Soupir.

N°120
Fin
D.C
D.C
N°121
FIN

N°120
Fin
D.C
D.C
N°121
2-3
1-2-3
FIN

Si : b

N°122

fin

D.C.

D.C.

N°123

fin

D.C.

N°122
fin
D.C
D.C
N°123
fin
D.C

Si=b

Exercices sur le Demi-Soupir.

Exercices sur le Demi-Soupir

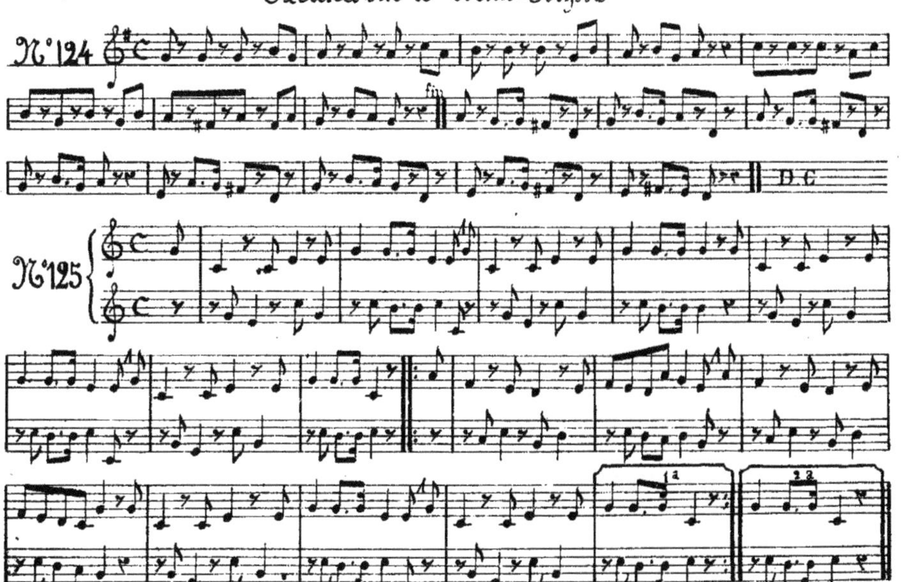

Si = ♭

N° 126

Fin

D. C.

N° 127

N° 128

N° 126

fin

D.C.

N° 127

N° 128

Si ♭

Exercices sur le Contre-Temps.

Exercices sur le Contre-Temps.

Si-b

N° 130

Executez une 1ère fois sans abréviations

fin

fin

D.C.

D.C.

N° 131

1.a

2.a

N°130
Executez une 1ère fois sans abréviations
fin
fin
D.C
D.C
N°131
1a
2a

Si : ♭
N°132
1-2
N°133
fin
fin
D.C
D.C

N°132
2·3
N°133
fin
fin
D.C
D.C

Si = b

1re Variation sur le No 23
No 134
fin
fin
D.C
D.C
2e Var. sur le No 23
No 135

1re Variation sur le No 23
No 134
fin
fin
D.C
D.C
2e Variation sur le No 23
No 135
1-2

Si - ♭

N° 136

1° 2° fin

D C

N° 137

1° 2°

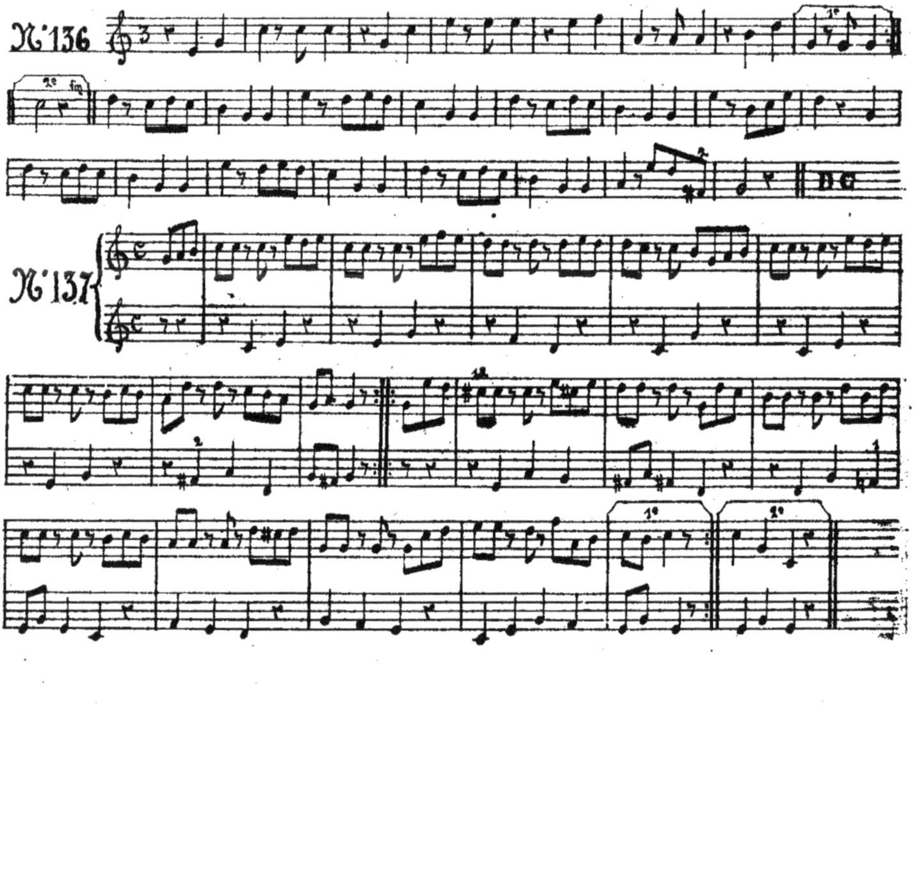

N° 136
N° 137
DC

Si-♭

Liaison. (voyez page IX aux principes)

Liaison. (voyez page IX aux principes.)
N° 138
Syncope.
Manière d'écrire
effet
N° 139
fin
D.C

Si = ♭

N° 140

fin

DC

N° 141

fin

DC

N° 142

fin

DC

N°140
fin
DC
N°141
fin
DC
N°142
fin
DC

Double coup de langue.

Quoique l'étude du Triolet semble déroger à notre plan, nous croyons être agréable en plaçant ici, par anticipation, les exercices suivants, écrits seulement pour les instruments de même ton.

Manière d'exécuter.

C

fin

D.C

D

tu tu cu tu

fin

D.C

E

tu cu tu cu tu cu

cu cu tu cu tu cu

tu

fin.

D.C

Abréviations les plus usitées.

Une ou plusieurs barres, traversant la queue d'une note, indique qu'il faut réduire en croches, doubles-croches, etc., selon le nombre de barres, la valeur de cette note: Ex.:

manière d'écrire
effet
rarement.

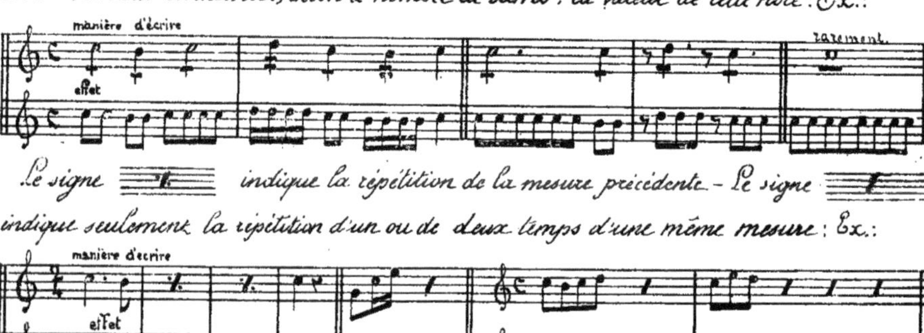

Le signe 𝄎 indique la répétition de la mesure précédente – Le signe / indique seulement la répétition d'un ou de deux temps d'une même mesure: Ex.:

manière d'écrire
effet

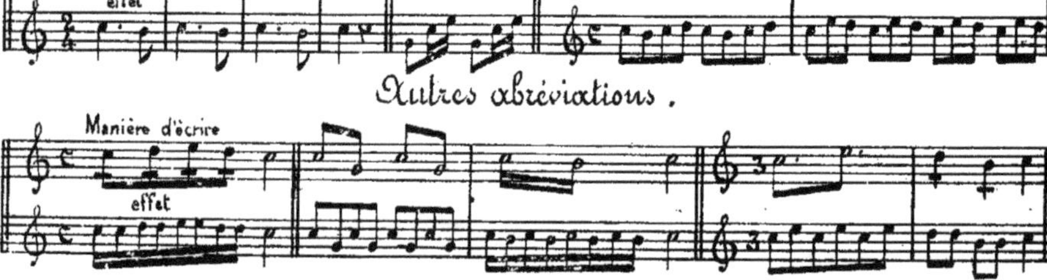

Autres abréviations.

Manière d'écrire
effet

Tablature des instruments à 3 pistons.

Gamme naturelle.

sol	la	si	do	ré	mi	fa	sol	la	si	do	ré	mi	fa	sol	la	si	do

(Voyez pour la Gamme chromatique, page 62)

Tablature du Saxhorn à 4 cylindres de quelques facteurs (1)

Gamme naturelle.

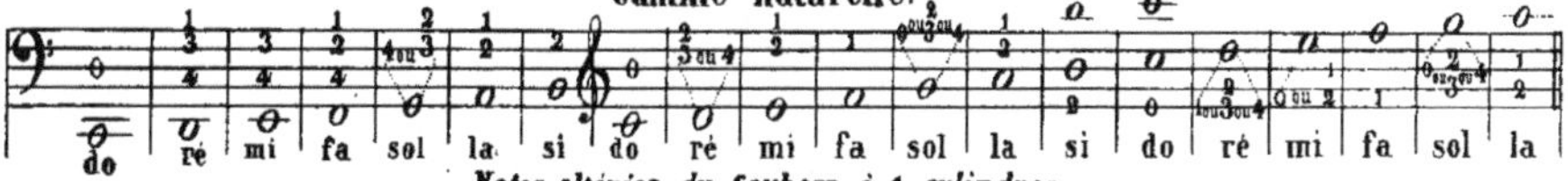

do	ré	mi	fa	sol	la	si	do	ré	mi	fa	sol	la	si	do	ré	mi	fa	sol	la

Notes altérées du Saxhorn à 4 cylindres.

ré ♭	mi ♭	fa ♭	sol ♭	la ♭	si ♭	do ♭	ré ♭	mi ♭	fa ♭	sol ♭	la ♭	si ♭	do ♭	ré ♭	mi ♭	fa ♭	sol ♭	la ♭	si ♭
ou	ou	ou	ou	ou	ou	ou	ou	ou	ou	ou	ou	ou	ou	ou	ou	ou	ou	ou	ou
do ♯	ré ♯	mi	fa ♯	sol ♯	la ♯	si	do ♯	ré ♯	mi	fa ♯	sol ♯	la ♯	si	do ♯	ré ♯	mi	fa ♯	sol ♯	la ♯

Nota. 1re Le son du Mi ♯ et du Fa naturel, ainsi que celui du Si ♯ et de l'Ut naturel, étant identiques, le doigté est donc le même.
Nota. 2e La tablature du saxhorn à 4 cylindres sert aussi pour la Contre-Basse en Mi ♭, abstraction faite du 4e piston.

(1) *Tel est notamment celui de la maison Couturier, de Lyon.*

Gamme chromatique

fa ♯	sol	sol ♯	la	la ♯	si	si ♯	do	do ♯	ré	ré ♯	mi	mi ♯	fa	fa ♯	sol	sol ♯	la
1.2.3	1.2.	2 3	1.2 ou 3 ou 1.2	1	2	0 / 2	0	1.2.3.	1.3.	2.3.	1.2. ou 3 ou 1.2.	1 / 1.2.	1	2 ou 1.2.3. ou 2	0 ou 1.3 ou 0	2.3.	1.2 ou 3 ou 1.2
sol ♭	sol	la ♭	la	si ♭	si	do ♭	do	ré ♭	ré	mi ♭	mi	fa ♭	fa	sol ♭	sol	la ♭	la

la ♯	si	si ♯	do	do ♯	ré	ré ♯	mi	mi ♯	fa	fa ♯	sol	sol ♯	la	la ♯	si	si ♯	do
1 ou 1.2.3. ou 1	2 ou 1.3 ou 2	0 / 2	0 ou 2.3. ou 0	1.2. ou 3 ou 1.2	1 ou 1.3 ou 1	2 ou 2 3 ou 2	0 ou 1.2 ou 3 ou 0	1 / 0	1	2 ou 1.2.3. ou 2	0 ou 1.3. ou 0	2.3 ou 1 ou 2.3.	1.2. ou 3 ou 1.2.	1	2	0 / 2	0
si ♭	si	do ♭	do	ré ♭	ré	mi ♭	mi	fa ♭	fa	sol ♭	sol	la ♭	la	si ♭	si	do ♭	do

Moyen mécanique

pour trouver sans le secours de la tablature. les différentes combinaisons des doigtés

En lisant la gamme chromatique d'Ut, il est facile de voir que, partant de l'Ut, l'on obtient le Si (½ ton au-dessous de l'Ut) en baissant le 2e piston, le Si-♭ (1 ton au dessous de l'Ut) en baissant le 1er piston, le La (1 ton et demi au dessous de l'Ut) en baissant le 1er et le 2e piston ou le 3e piston seul. Ces observations permettent donc de poser en principe que le 2e piston baisse le son d'un demi-ton, — le 1er, d'un ton, — le 3e, d'un ton et demi. Conséquemment le 1er et le 2e pistons réunis doivent baisser le son d'un ton et demi, — le 1er et le 3e, de deux tons et demi, — le 2e et le 3e, de deux tons, — les trois pistons réunis, de trois tons.

Ces principes admis, pour trouver le doigté d'une note quelconque, calculez combien il y a de tons ou de demi-tons entre cette note et la première note à vide supérieure (1), et baissez les pistons qui, d'après les combinaisons ci-dessus données, sont nécessaires pour former l'intervalle qui se trouve entre les deux notes. Ainsi le Mi-♭ de la gamme moyenne, placée à 2 tons au dessous du Sol, note à vide supérieure, se fera avec le 2e piston (baissant d'un demi-ton) et le 3e piston (baissant d'un ton et demi).

Nota: Dans le saxhorn à 4 Cyl., le 3e piston baisse de 2 tons et le 4e de deux tons et demi.

---

(1) Dans la gamme supérieure, il faut souvent partir de la seconde note à vide pour avoir toutes les combinaisons possibles des doigtés.

Table des matières

www.ingramcontent.com/pod-product-compliance
Ingram Content Group UK Ltd.
Pitfield, Milton Keynes, MK11 3LW, UK
UKHW021540260726
13993UKWH00002B/569